À LA DÉCOUVERTE DE

LA GRÈCE ANTIQUE

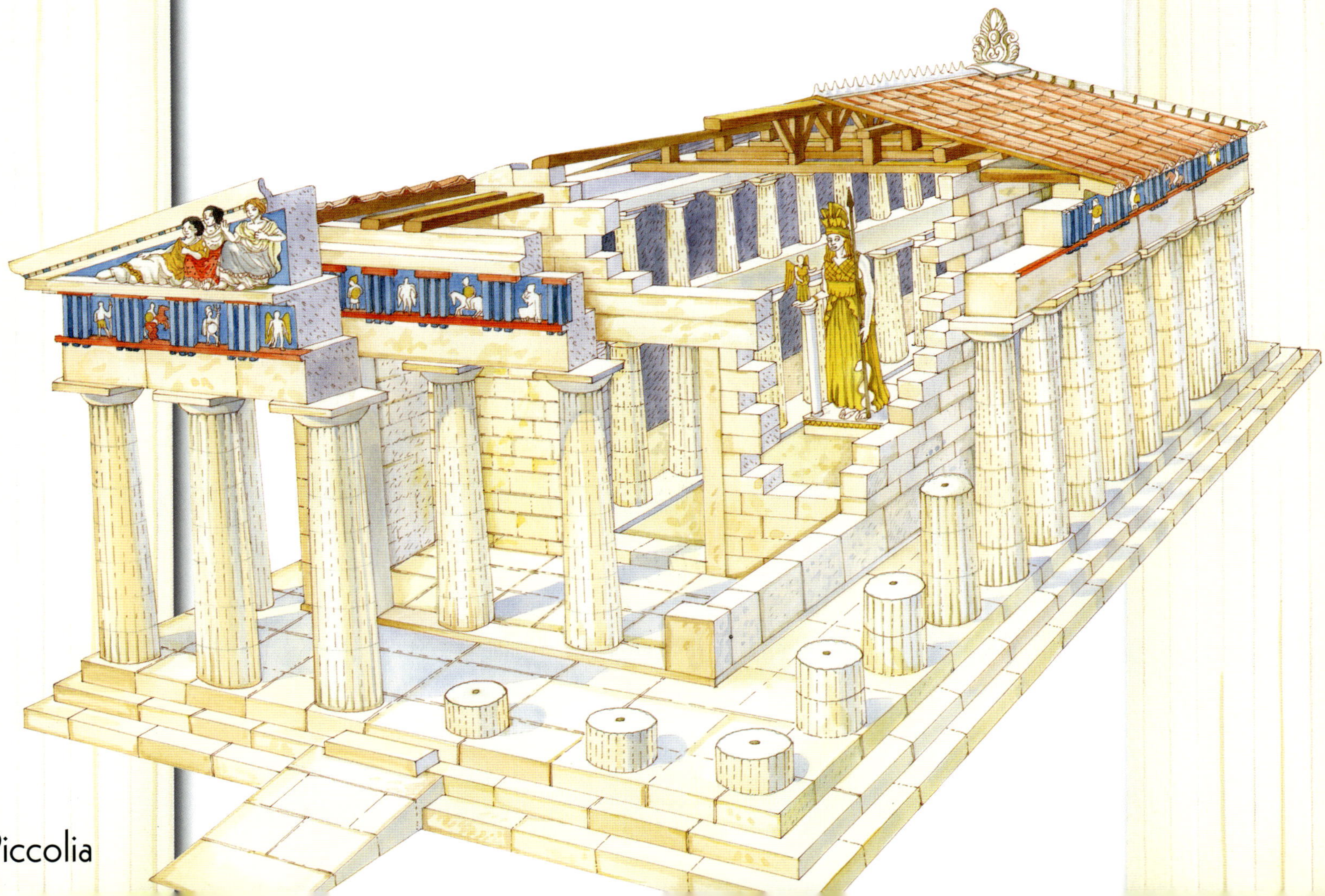

Piccolia

LA GRÈCE ANTIQUE

▷ ***Pièce de monnaie athénienne représentant une chouette.***

La plus ancienne civilisation européenne est née dans les îles qui entourent la péninsule grecque. Dès 2000 av. J.-C. en Crète, la culture minoenne a donné le jour à une société évoluée qui connaissaient les premières formes d'écriture. Parmi les ruines des grands palais construits dans cette île, des fresques sont encore visibles : elles racontent la vie des familles aristocratiques ainsi que leur amour de l'art et de la vie.

Environ quatre siècles plus tard, dans la Grèce continentale, les Achéens se sont installés dans le Péloponnèse et ont fondé la civilisation mycénienne. Ces Indo-Européens, parlant le grec, sont parvenus jusqu'à la mer Égée après avoir écrasé les Ioniens qui habitaient ces terres. Guerriers violents et décidés, ils ont construit de grands palais fortifiés.

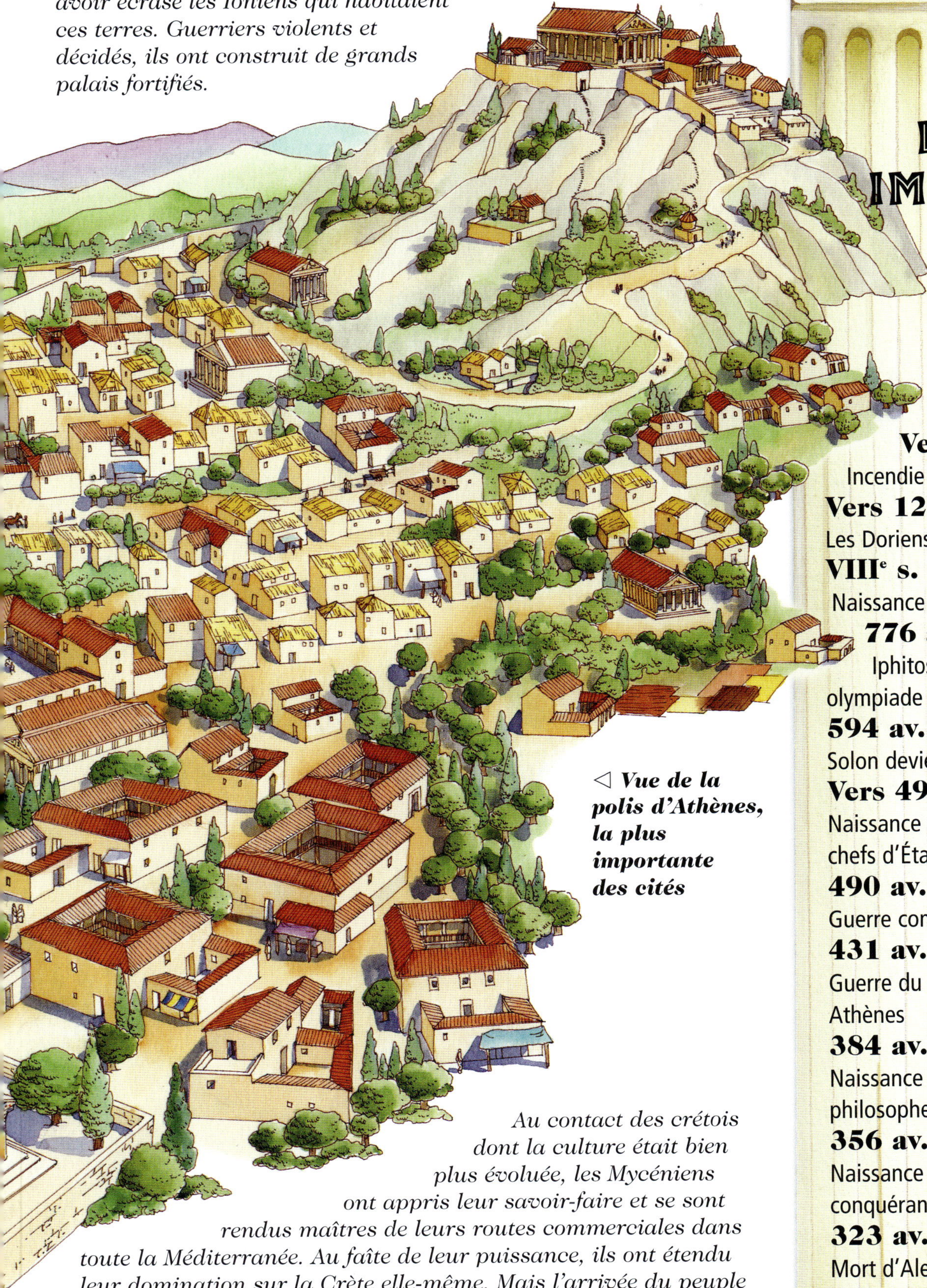

◁ ***Vue de la polis d'Athènes, la plus importante des cités***

Au contact des crétois dont la culture était bien plus évoluée, les Mycéniens ont appris leur savoir-faire et se sont rendus maîtres de leurs routes commerciales dans toute la Méditerranée. Au faîte de leur puissance, ils ont étendu leur domination sur la Crète elle-même. Mais l'arrivée du peuple des Doriens a changé le destin de la Grèce dans les siècles suivants.

LES DATES IMPORTANTES

Vers 2000 av. J.-C. :
Naissance de la civilisation minoenne

Vers 1600 av. J.-C. :
Les Achéens descendent du Péloponnèse.

Vers 1450 av. J.-C. :
Incendie du palais de Cnossos

Vers 1250 av. J.-C. :
Les Doriens arrivent en Grèce.

VIIIe s. av. J.-C. :
Naissance des cités

776 av. J.-C. :
Iphitos, roi d'Élide, célèbre la première olympiade à Élis.

594 av. J.-C. :
Solon devient archonte à Athènes.

Vers 495 av. J.-C. :
Naissance de Périclès, l'un des plus éminents chefs d'État athéniens

490 av. J.-C. – 479 av. J.-C. :
Guerre contre les Perses

431 av. J.-C. – 404 av. J.-C. :
Guerre du Péloponnèse entre Sparte et Athènes

384 av. J.-C. :
Naissance d'Aristote, l'un des plus grands philosophes grecs

356 av. J.-C. :
Naissance d'Alexandre le Grand, légendaire conquérant macédonien

323 av. J.-C. :
Mort d'Alexandre le Grand. Ses généraux se divisent l'empire en trois royaumes : c'est le début de la période hellénistique.

DU MOYEN ÂGE AUX CITÉS

À la fin de l'époque mycénienne, la Grèce a connu pendant près de 400 ans une période appelée le Moyen Âge grec. L'arrivée des Doriens a provoqué de nombreuses migrations vers les îles de la mer Égée et les côtes de l'Asie mineure. On a abandonné l'usage de l'écriture, rendant ainsi plus difficile la compréhension des événements. La nouvelle organisation des Doriens était basée sur la dominance des grandes familles apparentées les unes aux autres. Elle a ainsi limité peu à peu le pouvoir des rois et permis des conditions favorables à la naissance des cités qu'on appelait « poleis », ou « polis » au singulier. Par ce mot, on désigne les agglomérations urbaines formées par les villes et les campagnes avoisinantes. Les habitants ont progressivement acquis le sentiment d'appartenir à une communauté. Ils sont devenus des hommes libres et des citoyens capables de discuter et de prendre des décisions.

Vase avec des décorations de type oriental

Barque de charge

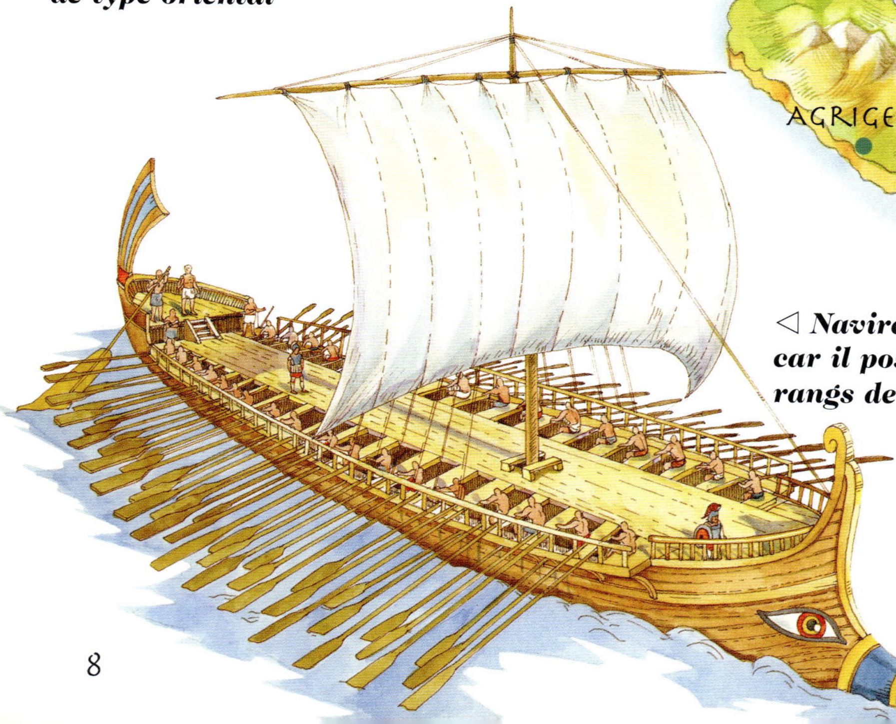

◁ ***Navire appelé trière car il possédait trois rangs de rameurs.***

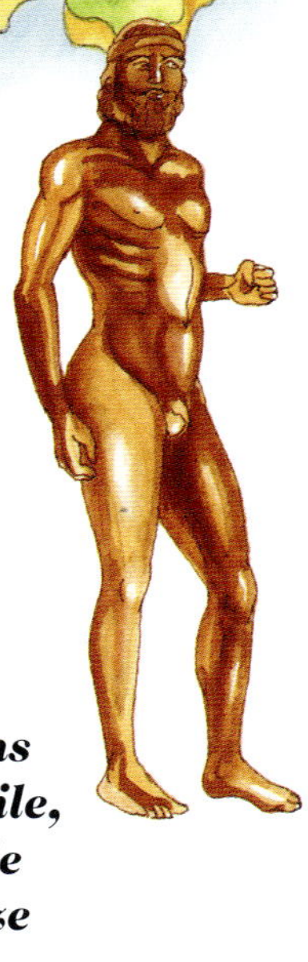

▷ ***Statue en bronze retrouvée dans la mer de Sicile, connue sous le nom de Bronze de Riace***

LA GRANDE GRÈCE

En Sicile et dans le sud de l'Italie, les colonies grecques ont été si nombreuses que cette région a pris le nom de Grande Grèce. La fertilité du sol et la facilité d'accostage ont favorisé ces installations dont on peut voir encore aujourd'hui d'imposants vestiges.

Sparte, dirigée par un cercle restreint d'aristocrates doriens, et Athènes, démocratie peuplée de familles ioniennes, ont été des villes ennemies irréductibles durant la guerre du Péloponnèse. Elle a fait rage pendant trente ans.

UN SEUL PEUPLE

Les cités étaient de petits États autonomes mais les Grecs avaient le sentiment d'être un peuple unique : les Hellènes. Ils appartenaient à une civilisation unie par une langue commune et partageaient les mêmes mythes qui constituaient leur patrimoine culturel. De plus, ils adoraient les mêmes dieux.

Vase peint de formes géométriques

La porte des Lions à Mycènes

Le cheval de Troie

Le Parthénon d'Athènes

Casque de hoplite

La déesse aux serpents

Poussés par la pauvreté des ressources de leur sol, les Grecs ont colonisé une bonne partie de la Méditerranée et des côtes de la mer Noire. Pour développer leur commerce, ils ont créé le long des routes maritimes des colonies indépendantes des cités d'origine.

LA CIVILISATION CRÉTOISE

Entre 2000 et 1300 av. J.-C., l'une des cultures les plus anciennes du bassin méditerranéen s'est répandue en Crète. D'énormes édifices ont surgi des cités de Cnossos et de Phaïstos et sont devenus de vrais pôles de la vie économique de l'île. Grâce à sa flotte, qui leur assurait la mainmise sur le commerce de toute la Méditerranée orientale, les Crétois se sont enrichis pendant plus de six siècles et ont prospéré sans craindre les attaques d'aucun ennemi. Il semblerait que l'extinction brutale de cette civilisation soit due à une catastrophe naturelle (un violent tremblement de terre) suivie d'une invasion très probablement des Mycéniens.

Vase rituel en forme de tête de taureau

Habiles artisans, les Crétois fabriquaient de la poterie, des armes en bronze, des tissus et d'autres produits typiques comme le vin, l'huile et le bois. Ils les exportaient depuis l'Asie mineure jusqu'en Égypte.

◁ ***On troquait les marchandises dans des marchés en plein air qui se tenaient dans les rues.***

▷ ***Thésée affrontant le Minotaure dans le labyrinthe de Cnossos.***

THÉSÉE ET LE MINOTAURE

Si l'on en croit la légende, un être monstrueux avec un corps d'homme et une tête de taureau était enfermé dans le labyrinthe du palais de Cnossos. On l'appelait le Minotaure et il se nourrissait de très jeunes Athéniens. Thésée a réussi à en venir à bout avec l'aide de la princesse Ariane. Elle lui avait donné une bobine de fil grâce à laquelle il avait pu facilement retrouver le chemin de la sortie après avoir héroïquement combattu et tué le Minotaure.

L'ÉCRITURE

Dans le palais de Phaïstos, on a retrouvé un disque d'argile avec une inscription unique dans le monde antique. Les chercheurs pensent qu'il n'était pas originaire de l'île car les Crétois possédaient un système d'écriture à base de signes très simples dit « linéaire A » et non encore déchiffré. Par la suite, on a employé une écriture différente, appelée « linéaire B », retrouvée aussi dans d'autres parties de la Grèce. Cette dernière était considérée non plus crétoise mais typique de la Grèce entière.

Disque de Phaïstos couvert d'inscriptions pictographiques

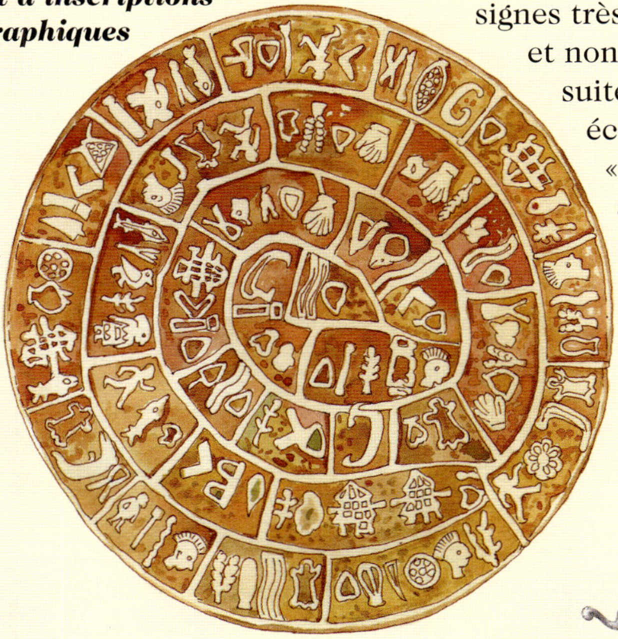

LES FEMMES CRÉTOISES

Les fresques et les sceaux qu'on a retrouvés montrent que les femmes de l'île jouissaient d'une liberté et d'une importance rares chez les peuples antiques. Des prêtresses sont évoquées, célébrant des cérémonies religieuses ainsi que des athlètes féminines, exécutant de périlleuses voltiges sur le dos de taureaux. Même dans le domaine du travail, les femmes étaient chargées de fonctions à l'égal des hommes dans d'importants secteurs de la production artisanale (comme la poterie par exemple).

LE PALAIS DE CNOSSOS

Les ruines imposantes du palais de Cnossos nous révèlent l'une des formes les plus intéressantes de l'architecture préhellénique. Construit entre 1700 et 1600 av. J.-C., il n'était pas fortifié par des murailles. L'édifice était particulièrement vaste, bâti sur un plan rectangulaire dont les côtés mesuraient plus de 130 mètres. Une série de pièces s'ouvrait sur des cours disposées sur plusieurs étages qui constituaient de véritables quartiers. Le tout abritait le palais et les lieux destinés à la vie publique ainsi que des ateliers d'artisans et des magasins pour le stockage des marchandises.

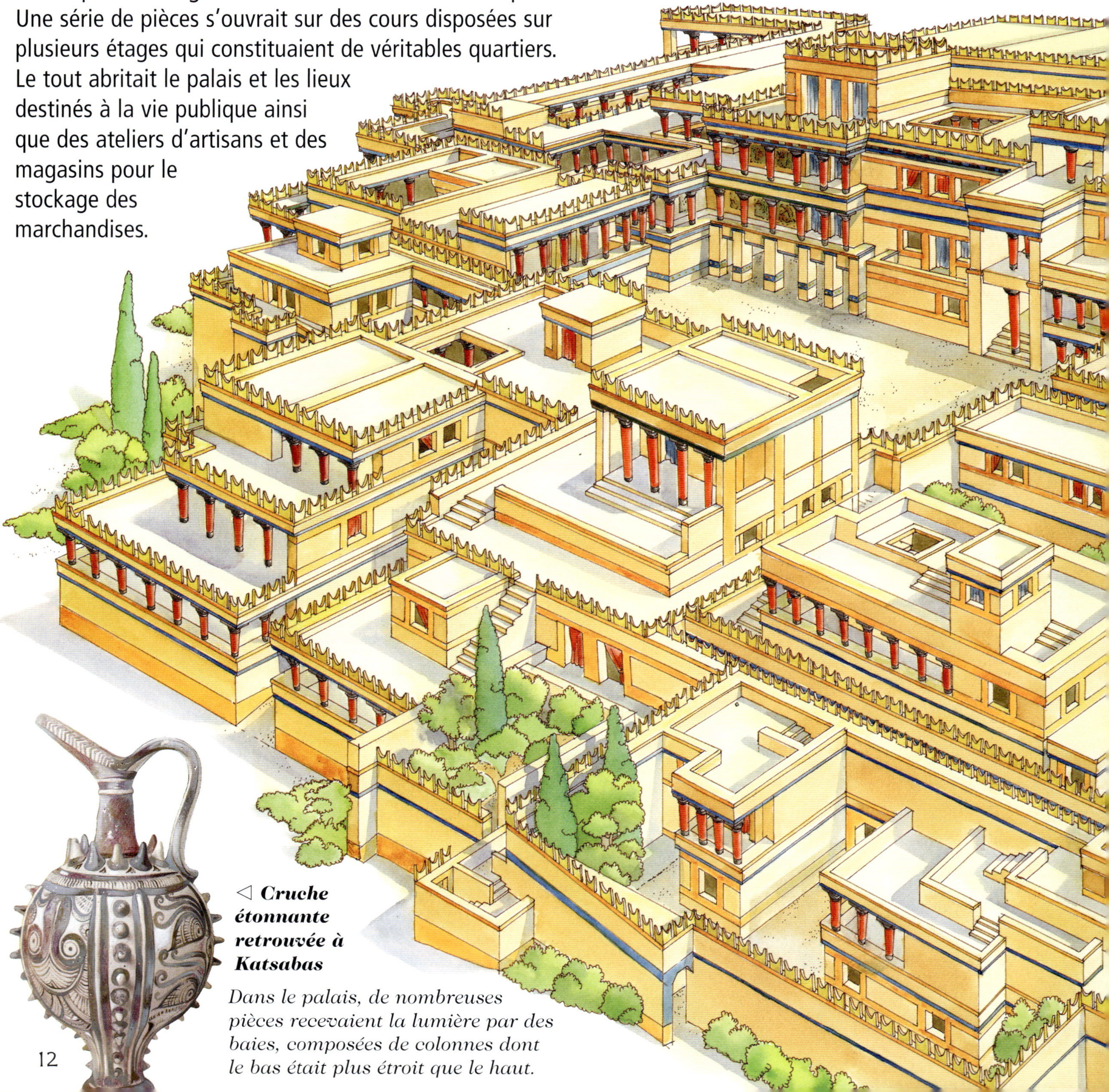

◁ ***Cruche étonnante retrouvée à Katsabas***

Dans le palais, de nombreuses pièces recevaient la lumière par des baies, composées de colonnes dont le bas était plus étroit que le haut.

◁ ***Dessin d'un dauphin d'après une fresque du palais***

LA VOLTIGE SUR LE TAUREAU

Quelques intérieurs du palais de Cnossos étaient décorés de fresques magnifiques : elles montraient des scènes de la vie quotidienne et les habitudes des Crétois. L'une en particulier nous montre l'exécution d'un exercice très difficile et périlleux appelé taurokathapsia. Les athlètes, hommes et femmes, voltigent sur le dos d'un taureau qui les charge tête baissée. Ils font face à l'animal et, saisissant ses cornes, profitent de l'élan donné par le redressement de la tête du taureau. Grâce à cette poussée, ils effectuent une voltige avant de retomber sur le sol.

Jeunes Crétois en train d'exécuter le dangereux exercice du saut du taureau

LA CÉRAMIQUE CRÉTOISE

La production de vases en céramique a atteint la perfection grâce à l'usage du tour. Des écuelles réalisées étaient tellement fines qu'on les a appelées « en coquille d'œuf ». Les premières décorations aux formes géométriques laissent place peu à peu à des motifs floraux et naturels. Certains d'entre eux s'inspirent de sujets marins comme le poulpe ou le dauphin et sont d'une beauté remarquable.

LES MYCÉNIENS

Poignard en bronze

La civilisation mycénienne s'est développée autour du XVIIe siècle av. J.-C. avec l'arrivée des Achéens dans la région de Nauplie sur la mer Égée. Le nom de cette civilisation provient de Mycènes, la ville la plus riche et la plus puissante qui ait été fondée par les Achéens. Vers 1450 av. J.-C., la ville de Mycènes a connu une période de grande prospérité qui a duré près de 300 ans. Elle a contrôlé les échanges dans tout le bassin méditerranéen, devenant ainsi l'une des grandes puissances de l'époque.

C'est aux alentours de 1300 av. J.-C. que les travaux de renforcement de son premier mur d'enceinte ont commencé, suivi de la construction de la porte monumentale et des palais de la ville haute.

Vers 1200 av. J.-C., parvenue au sommet de sa puissance, Mycènes s'est emparée de Troie. Mais, peu de temps après, un incendie a détruit la majeure partie de la ville.

Tête de guerrier avec un casque orné de crocs d'ivoire

L'accès à la ville haute de Mycènes se faisait par une porte monumentale, ornée de hauts-reliefs représentant deux lions sculptés dans la pierre.

▷ ***À l'extérieur de l'enceinte fortifiée de Mycènes, on a retrouvé d'imposantes sépultures. Elles étaient composées d'une chambre ronde (dite thalamos), recouverte d'une coupole (tholos), elle-même construite avec des rangées successives de blocs de pierre. La plus célèbre de ces tombes est connue sous le nom de « trésor d'Atrée ».***

LES ACHÉENS

Selon les hypothèses des historiens, les Achéens ont descendu la péninsule hellénique et se sont établis dans le Péloponnèse vers 1600 av. J.-C. Ces guerriers belliqueux, armés de cuirasses et d'épées en bronze, ont fondé des royaumes indépendants dont Mycènes a été le principal. En quelques années, ils ont étendu leur domination sur toutes les îles de la mer Égée jusqu'en Crète.
On a retrouvé des traces d'incendie dans le palais de Cnossos, témoignages de leur conquête violente.

Masque funéraire en or

Les guerriers achéens étaient armés d'épées en bronze et se protégeaient avec des armures composées de plaques du même matériau.

LES MURAILLES

La cité de Mycènes était entourée par des murailles gigantesques formées d'énormes blocs de pierre. Leur largeur atteignait les 8 mètres alors que leur hauteur pouvait bien dépasser les 8,5 mètres. L'imposante fortification, construite en trois phases, atteint une longueur de 900 mètres !

LES RÉCITS D'HOMÈRE

Pendant le Moyen Âge hellénistique, les mythes et les exploits des anciens héros de l'époque mycénienne ont été chantés par les aèdes. C'est à travers les compositions en vers de ces poètes que se transmettaient les prouesses d'un passé glorieux. C'est bien longtemps après qu'Homère a écrit les deux poèmes épiques appelés l'Iliade et l'Odyssée. On suppose qu'il aurait fait le recueil et la synthèse de nombreux chants des aèdes antiques et aurait rédigé ces deux textes définitifs.

Les guerriers achéens, cachés à l'intérieur d'un cheval de bois, conquièrent Troie.

À l'intérieur des murs de Troie, s'est déroulée une guerre extrêmement longue. Les rois mycéniens avaient assiégé la ville, mais seule l'ingéniosité d'Ulysse a permis aux Achéens de pénétrer dans la forteresse et de gagner la guerre. Les glorieux combats de tous les héros de la guerre de Troie sont racontés dans le poème épique intitulé l'Iliade.

Buste d'Homère

LE VOYAGE D'ULYSSE

Pendant son retour à Ithaque, la première étape d'Ulysse est la Thrace où le héros est attaqué par les terribles Cicones. Ayant repris la mer, il accoste au pays des mangeurs de fleurs de lotus d'où il s'enfuit pour ne pas perdre la mémoire. En route vers l'île d'Éole, il lui faut rendre aveugle le cyclope Polyphème pour ne pas être dévoré par l'affreux géant. Les vents le poussent au Nord, sur la terre des Lestrygons, d'horribles cannibales, puis il atteint le royaume de la magicienne Circé qui change les compagnons d'Ulysse en cochons. Son voyage tourmenté se poursuit entre les pièges des Sirènes et les luttes contre les remous marins provoqués par Charybde et Scylla. Ayant accosté à Ogygie, il échappe à la nymphe Calypso et arrive sur l'île des Phéaciens qui le conduiront à Ithaque.

LA NAISSANCE DES CITÉS

Au début du VIIIe siècle av. J.-C., une phase nouvelle s'est développée dans toute la Grèce. Les aristocraties terriennes, descendantes de la noblesse guerrière des époques précédentes, ont donné une impulsion nouvelle à l'agriculture. La croissance des ressources alimentaires a permis la croissance de la population. Celle-ci s'est regroupée en communautés qui deviendront ensuite des cités.

CITÉ, CAMPAGNE ET HOMMES LIBRES

La cité comprenait le centre urbain, les terres agricoles avoisinantes et tous les hommes libres qui y habitaient. La ville haute, qui autrefois abritait la demeure des souverains, a été réservée au temple dédié à la divinité protectrice de la polis. En bas, se sont développées l'aire résidentielle ainsi que la place principale (appelée agora) où se trouvaient les commerces et l'assemblée des citoyens. Les terres les plus fertiles étaient à proximité du centre urbain tandis que les plus éloignées étaient réservées au pâturage.

La chouette, symbole d'Athènes

Chaque polis était consacrée à une divinité qui assurait prospérité et protection. En échange de ses faveurs, la population célébrait des rites et des sacrifices auxquels devaient participer tous les membres de la communauté.

Statue de la déesse Athéna

UNE CITÉ, UNE PATRIE

Les habitants de chaque polis nourrissaient un très fort sentiment d'appartenance à leur cité et désiraient tous que leur ville reste indépendante des autres. La rivalité entre les différentes communautés a joué un rôle déterminant dans le développement de la civilisation grecque et amené l'épanouissement de nouvelles poleis. Mais, elle a également rendu impossible la création d'un État hellénique unifié. Ce morcellement a empêché une résistance appropriée aux occupations macédoniennes puis romaines.

AGRICULTURE ET COMMERCE

Les terres de la péninsule grecque, privées de grandes plaines, n'étaient pas en mesure de nourrir une population nombreuse. Dans les collines, soumises à la sécheresse l'été et à un climat peu propice à l'agriculture, on cultivait la vigne et l'olivier, et ce, déjà, à l'époque de la civilisation crétoise. Le blé et l'orge devaient être importés d'outre-mer, et c'est ce qui a poussé les Grecs loin de leur patrie. Grâce à un commerce florissant, ils pouvaient échanger l'huile, le vin et les produits de leur artisanat contre les céréales et les métaux qui faisaient défaut dans la péninsule.

◁ ***De nombreux troupeaux de chèvres et de brebis*** *fournissaient le lait, la viande et la laine. Ces herbivores étaient particulièrement bien adaptés à paître dans le maquis méditerranéen.*

UN PRODUIT PRÉCIEUX

La production d'huile d'olive était l'une des principales activités de ceux qui travaillaient dans les champs. Le précieux liquide était utilisé pour l'alimentation, mais aussi pour la toilette et l'éclairage. La cueillette des olives se faisait l'hiver. Pendant tout le mois de décembre, les paysans frappaient les branches des arbres avec de longues perches (des gaules) pour en faire tomber les fruits mûrs. Puis, ils ramassaient les olives sur le sol et les portaient au pressoir.

△ ***L'huile et le vin*** *voyageaient dans des vases en terre cuite appelés amphores qu'on entassait dans les navires de charge. Pour faciliter le commerce, on a fondé des établissements sur tout le pourtour de la Méditerranée. C'est dans ces colonies que s'installaient les Grecs, abandonnant ainsi la pauvreté de leurs terres.*

△ ***Le pressage des olives*** *était fatigant, et on laissait ce travail aux esclaves. On recueillait l'huile dans des jarres de terre cuite tandis que le marc servait de lubrifiant.*

L'AGORA

La vie publique de la polis d'Athènes se déroulait sur la place du marché appelée agora. C'est là que se tenaient les assemblées de la première démocratie du monde. La place était entourée d'un long portique, appelé stoa, où les citoyens rencontraient leurs amis, traitaient leurs affaires, discutaient de politique et écoutaient les discours de savants philosophes. Sous les portiques, on trouvait des boutiques de marchands et l'entrée de quelques édifices publics. C'est là que s'approvisionnaient les femmes en eau, à la source d'une fontaine, pour laver le linge et remplir les cruches nécessaires aux besoins domestiques. L'occupation perse a détruit beaucoup d'édifices mais ils ont été vite remis en état dès l'expulsion des envahisseurs.

Le port du Pirée voyait affluer à Athènes des marchandises du monde entier. On y échangeait la laine, le vin et l'huile, produits localement, contre des étoffes de prix et des soieries d'Orient.

△ ***La polis d'Athènes*** *a été parmi les premières cités grecques à fabriquer une monnaie. L'effigie de la chouette gravée dans l'argent, symbole de la cité, est devenue très vite un objet d'échange accepté par tous les marchands.*

LA BOUTIQUE DU POTIER

L'une des principales activités artisanales était la confection de vases en céramique. Dans la cité d'Athènes, tout un quartier était occupé par les ateliers des potiers. La qualité de leur travail était appréciée dans toute la Méditerranée. Quelques boutiques étaient situées autour de l'agora où les artisans vendaient directement la vaisselle aux citoyens et aux marchands de passage.

Les plus anciennes décorations peintes sur les vases représentaient des figures géométriques. Par la suite, elles ont laissé place à des figures noires sur fond rouge. Vers la fin du VIe siècle, on a préféré des figures rouges sur fond noir.

LA VIE QUOTIDIENNE

Vers le Ve siècle av. J.-C., les hommes libres des poleis jouissaient en tant que citoyens de droits et de privilèges dont les femmes étaient exclues. En effet, les femmes n'avaient pas de vie sociale : elles passaient leur journée, surtout les plus riches, dans le gynécée, partie la plus retirée de la maison. Même celles qui vivaient dans la démocratie d'Athènes ne participaient pas à la vie politique ni à certains aspects importants de la vie sociale tels que l'instruction. Dans les autres poleis, il semble qu'elles aient bénéficié de plus grandes libertés. À Sparte, par exemple, on les encourageait à pratiquer des activités sportives pour devenir des athlètes.

△ ***Poupée et jouets en terre cuite***

Les femmes grecques occupaient des fonctions extrêmement importantes dans les murs de leur maison. Les plus pauvres comme les plus aisées filaient la laine et tissaient les étoffes nécessaires à la confection des vêtements et des toiles.

L'ÉDUCATION DU CITOYEN

Dès l'enfance, les garçons des familles athéniennes les plus aisées apprenaient à lire et à écrire dans des écoles privées. Les plus pauvres apprenaient un métier dans l'atelier

d'un artisan ou travaillaient dans les champs. Les femmes ne recevaient aucune instruction et, hormis des cas très rares, elles ne savaient pas écrire. Quelle qu'ait été leur condition sociale, elles étaient toutes destinées aux tâches ménagères, comme faire la cuisine, filer et tisser.

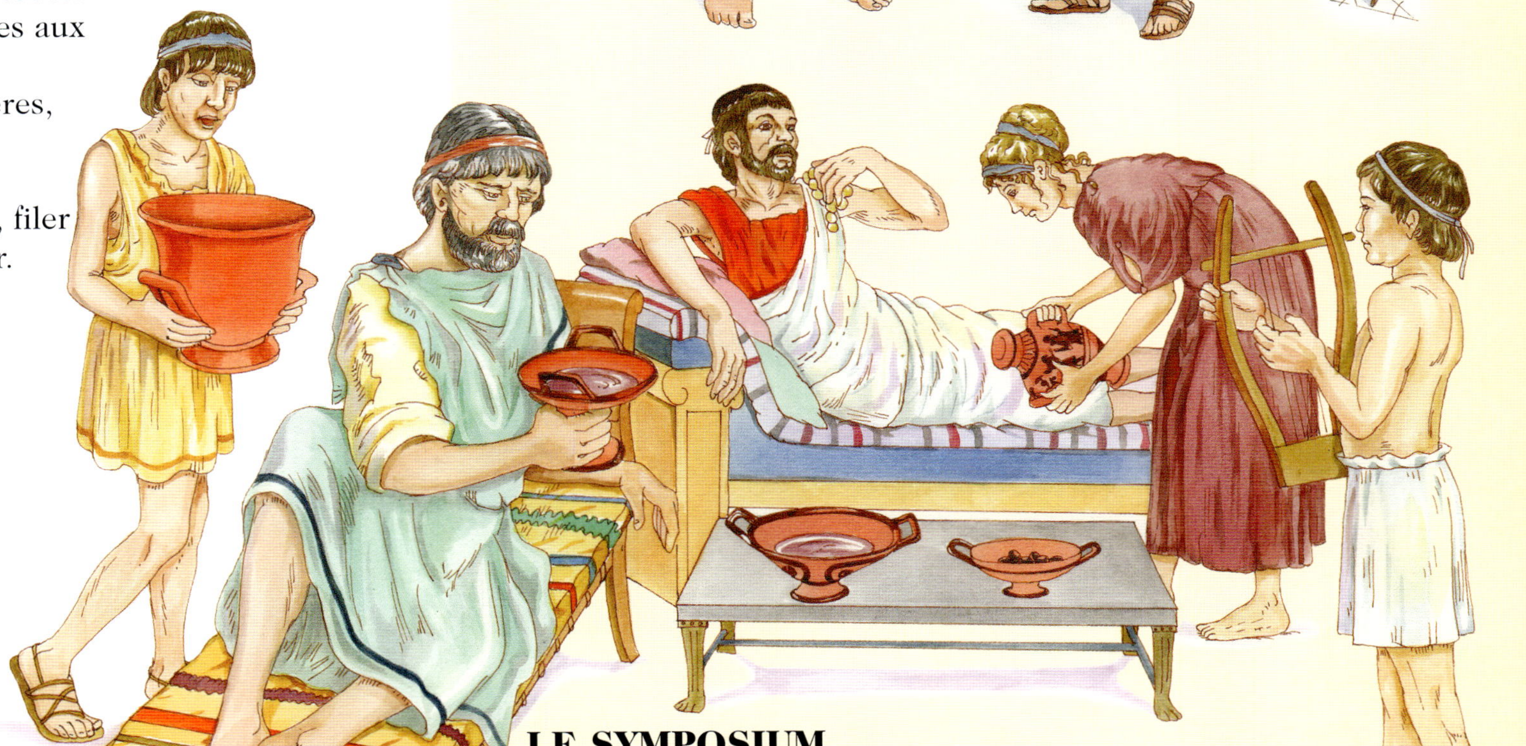

LE SYMPOSIUM

À l'occasion du dîner, repas principal de la journée, les hommes avaient l'habitude de se retrouver entre amis pour bavarder et festoyer. La nourriture courante étant souvent composée de pain, de fromage et de fruits. C'était donc l'occasion de faire des repas plus sophistiqués où viandes et poissons étaient au menu. La musique contribuait à agrémenter la soirée, joyeusement arrosée de généreuses coupes de vin.

LA DÉMOCRATIE

Dans la polis d'Athènes, le passage de la monarchie à la démocratie s'est fait sur de longues années. Le premier acte, que l'on peut dater aux environs de 950 av. J.-C., a été la naissance d'un gouvernement aristocratique dirigé par trois archontes. Les pouvoirs des archontes se sont progressivement affaiblis jusqu'au moment où, en 594 av. J.-C., Solon a institué des lois en faveur des classes les plus pauvres. Il a également créé des tribunaux et la « boulê », un groupe de citoyens qui avait pour tâche de préparer les thèmes des discussions de l'assemblée du peuple. Environ 90 ans plus tard, Clisthène a établi de nouvelles règles qui divisaient les citoyens de la région de l'Attique en dix tribus. Chaque tribu était représentée par 50 hommes qui participaient à la boulê. En 487 av. J.-C., une loi spéciale établit que les candidats à la charge d'archonte devaient être tirés au sort et non plus élus, ce qui a empêché la vieille aristocratie de placer ses hommes à la tête de la polis. Dès la moitié du Ve siècle, par suite de ces réformes et de l'introduction de l'ostracisme, le pouvoir a été donné à l'assemblée des citoyens, appelée « ecclésia », laquelle prenait les décisions les plus importantes pour l'avenir de la cité.

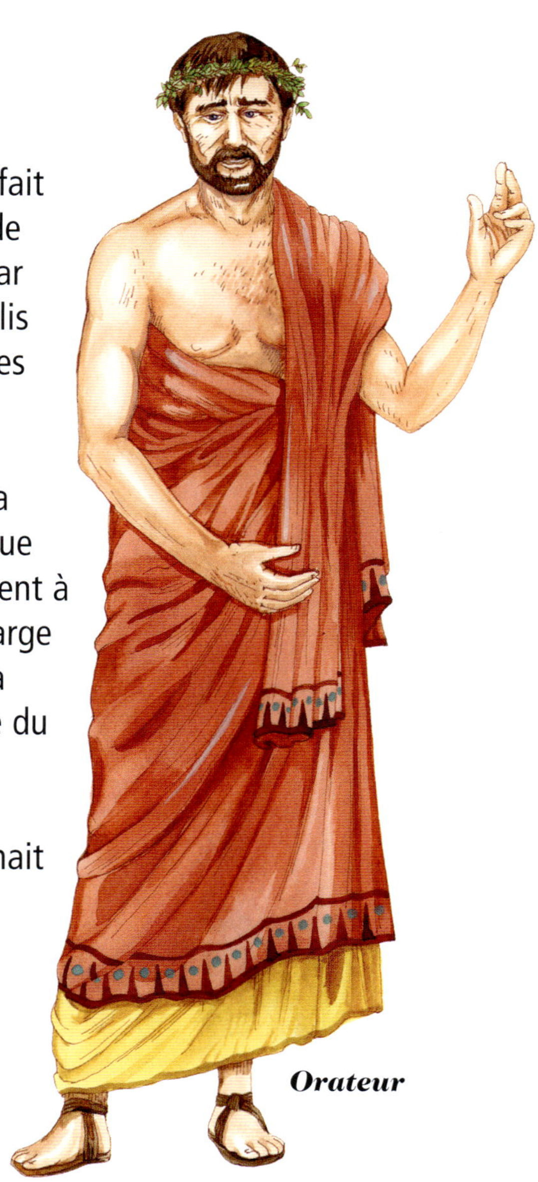

Orateur

◁ Clepsydre ou horloge à eau

Celui qui prenait la parole dans les assemblées ou les tribunaux disposait d'un temps limité pour exposer ses idées. N'ayant pas d'horloge, on mesurait la durée du discours à l'aide d'une clepsydre. Les orateurs savaient qu'ils devaient terminer lorsque l'eau du récipient supérieur était complètement déversée dans le récipient inférieur.

Buste de Périclès

LA RÉFORME DE PÉRICLÈS

Périclès a été l'un des hommes les plus influents de la cité d'Athènes au moment de sa splendeur. Général et homme d'État, il a été à l'origine d'un tournant décisif de la démocratie en payant les citoyens qui avaient une charge publique. Il a été l'artisan de la renaissance de la cité après l'invasion des Perses. C'est de son temps que le Parthénon a été construit.

◁ ***Reconstitution d'un instrument utilisé pour l'extraction des noms***

Le système de tirage au sort des juges populaires était plutôt compliqué. Le nom des citoyens, en service en tant que jurés, était gravé sur un disque en bronze qu'on introduisait ensuite dans le tronc de la tribu d'appartenance. De chaque tronc, on tirait le même nombre de noms de manière à ce que toutes les tribus soient représentées dans les divers jurys.

▷ **Disques utilisés pour le tirage au sort des juges**

Lors des procès, les accusés étaient jugés par un jury populaire dont les membres étaient tirés au sort. Cet usage garantissait l'impartialité et empêchait toute forme de corruption. Le verdict des juges était révélé par le moyen d'un disque de bronze. Si l'accusé était reconnu innocent, on plaçait dans l'urne de vote le disque avec le pivot plein. Le disque dont le pivot était évidé indiquait la culpabilité de l'accusé.

L'OSTRACISME

On pouvait exiler pendant dix ans les personnes considérées dangereuses pour la démocratie. Pour ce faire, il fallait qu'au moins 6 000 citoyens, bénéficiant du droit de vote, écrivent le nom de l'accusé sur un tesson de terre cuite lors d'un vote spécial. Cette pratique, appelée ostracisme, vient du nom grec « ostrakon » qui veut dire « tesson de terre cuite ».

△ ***Tessons de terre cuite avec des noms gravés***

SPARTE

La cité de Sparte, antique capitale achéenne du royaume de Ménélas, est devenue la polis la plus puissante du Péloponnèse. Après l'invasion subie par les tribus doriennes, on a distribué les terres autour de la cité aux chefs des familles guerrières qui avaient soumis la population achéenne.

Les nouveaux maîtres, appelés Spartiates, ont fondé leur pouvoir sur la force militaire. Bien que constituant une infime minorité, ils ont réussi à s'imposer face à une population vingt fois supérieure en nombre, et ont fondé un gouvernement oligarchique (c'est-à-dire composé de peu de personnes). Les Spartiates étaient les seuls à avoir des droits et s'occupaient exclusivement de leur entraînement militaire.

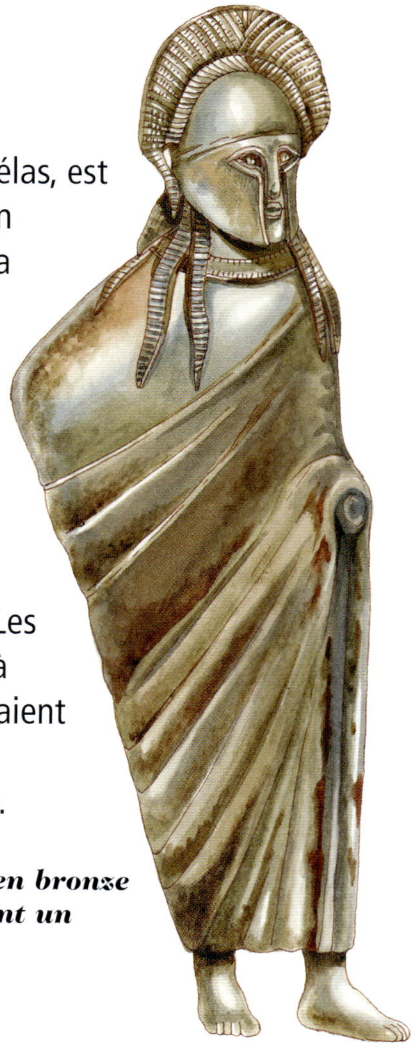

▷ ***Statue en bronze représentant un guerrier***

LÉGISLATION DE LYCURGUE

Selon la légende, c'est à Lycurgue que l'on doit le système du gouvernement spartiate. Ce législateur mythique aurait établi les sévères lois spartiates après avoir consulté l'oracle d'Apollon à Delphes.

Souvent cité par les historiens antiques, Lycurgue reste une figure entourée de mystère. D'ailleurs, les historiens modernes doutent qu'il ait vraiment existé.

L'OLIGARCHIE

Deux citoyens parmi les familles les plus puissantes possédaient le titre de « roi » et commandaient l'armée en temps de guerre. Pendant les périodes de paix, le gouvernement était confié à une assemblée de 28 personnes âgées influentes appelée « gérousia ». Les Spartiates de plus de vingt ans participaient à une assemblée aux pouvoirs limités nommée « apella ». Les « éphores » étaient des inspecteurs qui garantissaient le respect de la loi par tous.

Selon la loi de Lycurgue, on enlevait les enfants à leur famille à l'âge de sept ans. Suivait alors un entraînement militaire extrêmement dur qui se prolongeait jusqu'à l'âge de vingt ans. Même les petites filles s'entraînaient aux sports afin de pouvoir devenir des mères dignes de futurs et forts garçons spartiates.

Vase représentant des hoplites spartiates

Statue en bronze de femme spartiate

À LA GUERRE AU SON DE LA FLÛTE

La formation de combat des guerriers spartiates qu'on appelle « la phalange » constituait un « spectacle majestueux et terrifiant ». Quand l'armée était en vue de l'ennemi, le roi sacrifiait un chevreau et ordonnait à ses soldats de mettre leur casque. Pendant ce temps, les joueurs de flûte entonnaient l'hymne de Castor. Ils avançaient tous en formation compacte sans marquer l'ombre d'une hésitation. Le roi était avec eux, entouré d'athlètes qui avaient été vainqueurs aux jeux.

LES GRECS À LA GUERRE

Depuis l'époque des Achéens jusqu'à celle d'Alexandre le Grand, la péninsule hellénique a été le théâtre de guerres innombrables. Les antiques rois mycéniens allaient au combat montés sur des chars et vêtus de lourdes armures en bronze. Pendant ces batailles, des hommes peu nombreux s'affrontaient en duel. Quand les Doriens sont descendus du Péloponnèse, ils ont écrasé les Achéens grâce à la supériorité de leurs armes en fer. Quelques siècles plus tard, les armées sont devenues plus nombreuses et les techniques de combat se sont améliorées.

Les anciens corps à corps ont laissé place à des combats entre des formations compactes, très mobiles et puissantes.

△ ***Charge de deux phalanges ennemies***

Guerrier hoplite revêtu de sa lourde tenue de combat

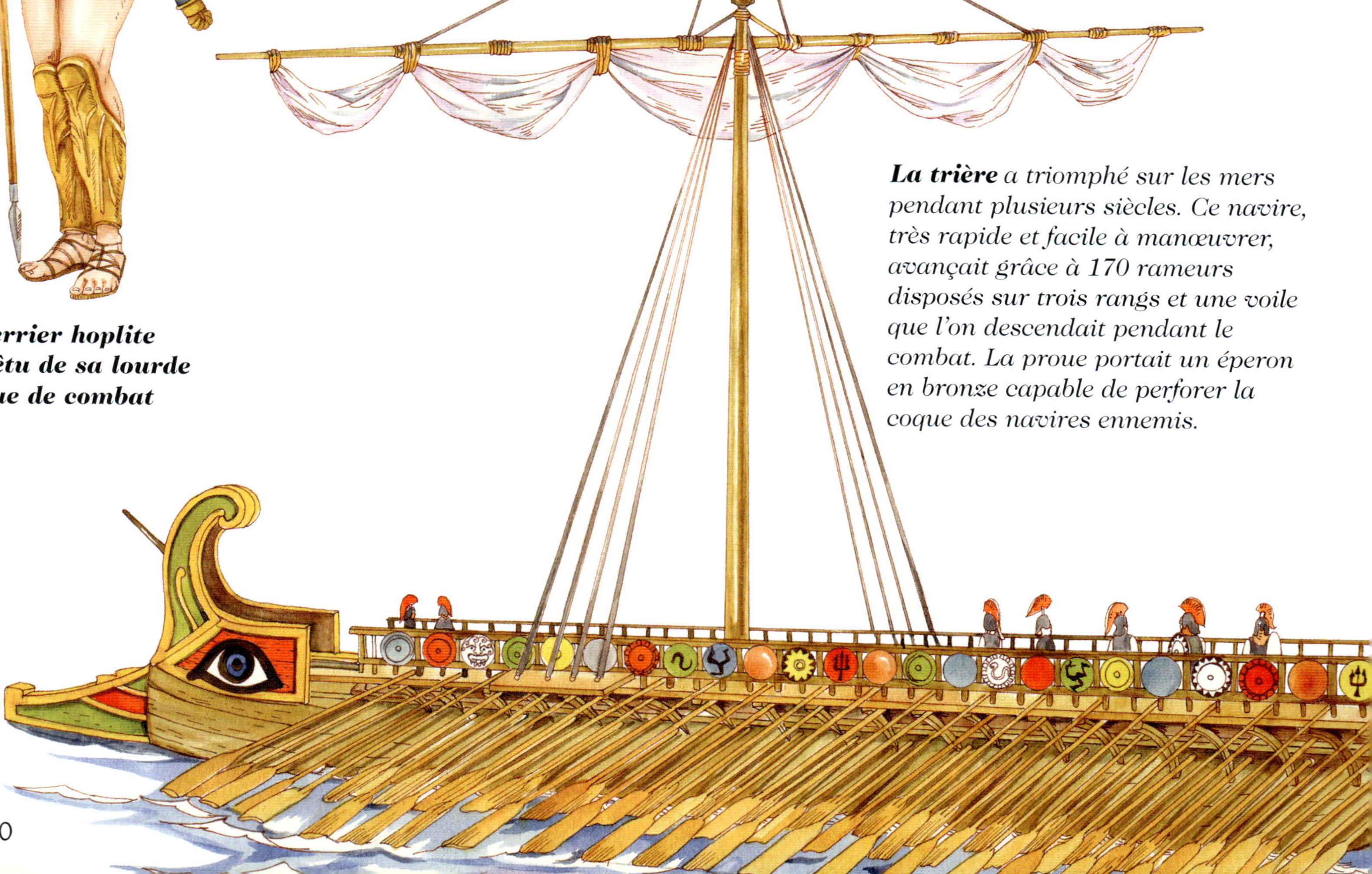

La trière *a triomphé sur les mers pendant plusieurs siècles. Ce navire, très rapide et facile à manœuvrer, avançait grâce à 170 rameurs disposés sur trois rangs et une voile que l'on descendait pendant le combat. La proue portait un éperon en bronze capable de perforer la coque des navires ennemis.*

LES HOPLITES

Au temps des cités, on a adopté une nouvelle technique de combat. Les deux phalanges ennemies se jetaient l'une contre l'autre, exerçant ainsi une force d'impact. Cette formation était constituée de fantassins, dits hoplites, armés de longues lances, de boucliers et d'épées.

LA TRIÈRE

La construction des trières a commencé au VIIe siècle av. J.-C. Deux cents ans plus tard, elles étaient devenues les meilleurs navires de guerre du monde antique. D'une longueur pouvant atteindre 35 m et d'une largeur de 5 m environ, elles étaient très maniables et rapides, ce qui leur permettait de s'élancer contre les navires ennemis en les éperonnant. Comptant sur ces caractéristiques, le commandant grec Thémistocle a attaqué la flotte perse dans le détroit situé devant l'île de Salamine. Les lourds navires perses, malgré leur nombre bien supérieur, ont été vaincus et forcés de s'enfuir.

▷ ***Navire de guerre en coupe***
Les trois rangs de rameurs étaient disposés à des hauteurs différentes de façon à ne pas se gêner mutuellement.

LE THÉÂTRE

Lors de la procession annuelle en l'honneur du dieu Dionysos, les jeunes Grecs se déguisaient en satyres et se couvraient le visage avec des masques. Ils chantaient en chœur et dansaient en interprétant des scènes dramatiques qui ont été les premières représentations théâtrales de l'histoire occidentale. C'est seulement dans un deuxième temps que les tragédies ont été mises en scène : quelques acteurs dialoguaient avec le chœur en incarnant des personnages de légendes célèbres. La satire politique n'a débuté qu'avec les comédies.

Jeton de théâtre retrouvé à Athènes

L'entrée au théâtre était payante et coûtait la valeur d'une journée de travail des plus pauvres. Pendant les représentations, le public mangeait, buvait et manifestait bruyamment sa joie ou ses critiques selon la qualité du spectacle.

Masque de théâtre

Les acteurs récitaient leur texte le visage couvert d'un masque. La bouche du masque amplifiait les sons de la voix qui était audible, même des gradins les plus élevés.

Pendant les représentations, on faisait des scénographies qui permettaient de reconstituer les lieux du spectacle. Ainsi, les décors étaient soutenus par des corniches de bois qui pouvaient pivoter en changeant rapidement de fond. Plus tard, on a introduit une grue pour soulever les acteurs.

△ ***Peinture représentant une scène théâtrale***

LE PREMIER THÉÂTRE

Les premières représentations théâtrales se sont tenues sur l'agora. Cet emplacement s'est trouvé bien vite inadapté et le théâtre a été transféré sur la face sud de l'Acropole. Le long de la pente, se trouvait un auditorium naturel qui a subi de nombreuses transformations pour devenir le premier exemple de théâtre de l'histoire de l'Occident.

▷ *Les citoyens les plus influents occupaient le premier rang au théâtre. Ils s'asseyaient sur des sièges en pierre spécialement destinés aux prêtres et aux magistrats. Le reste du public se pressait en foule sur les gradins supérieurs.*

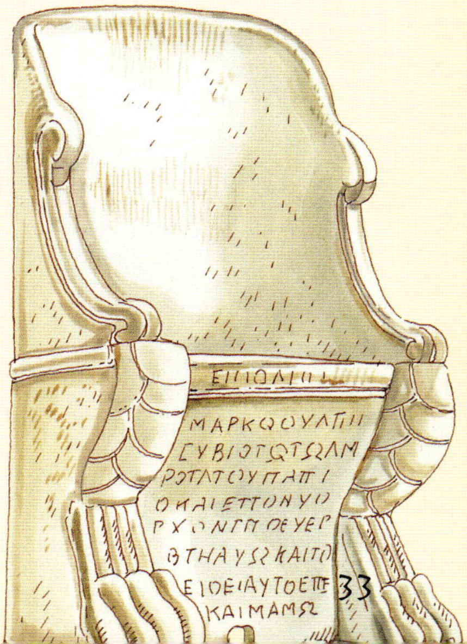

LE TEMPLE HELLÉNIQUE

Les témoignages les plus anciens de l'art hellénique sont la « cité-palais » de l'île de la Crète, dont l'architecture des édifices résidentiels est grandiose et somptueuse. La fin du VIIe siècle av. J.-C. a vu naître l'architecture religieuse, caractérisée par des proportions et des formes de temples bien spécifiques selon les ordres dorique ou ionique. L'édifice qui exprime la plus belle expression de l'ordre dorique est le Parthénon. Ce temple, symbole d'Athènes, était dédié à la déesse Athéna Parthénos, protectrice de la cité.

Les architectes Ictinos et Callicratès ont commencé sa construction en 447 av. J.-C.

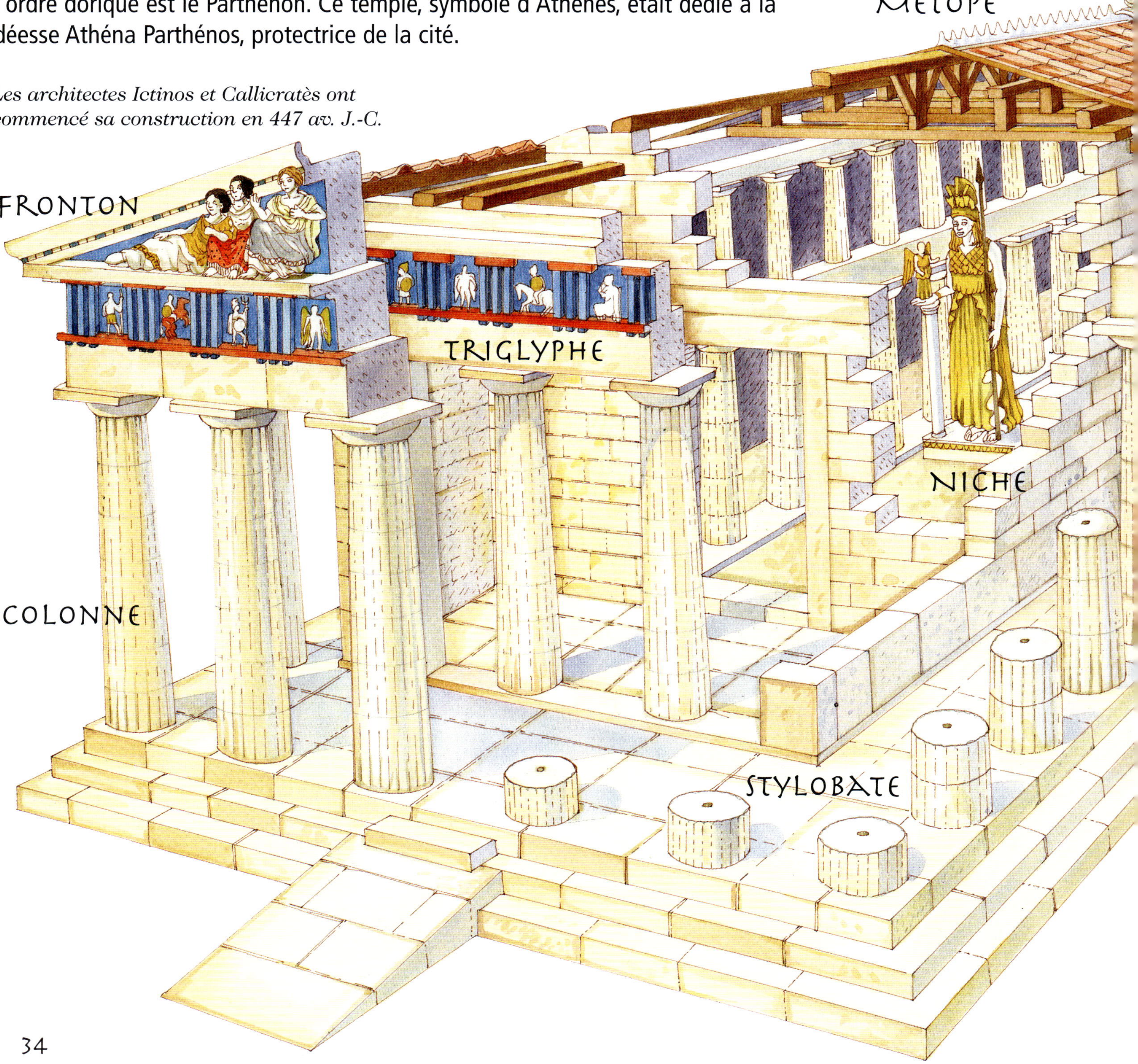

Phidias *a été le plus grand sculpteur grec. Sa statue de Zeus, réalisée pour le temple d'Olympie, fut l'une des sept merveilles du monde.*

Pour les deux frontons du Parthénon, Phidias a réalisé un ensemble de sculptures qui sont le chef-d'œuvre de son art. À l'Est, il a représenté la naissance mythique d'Athéna sortie de la tête de Zeus. Sur le côté opposé, il a sculpté Athéna et Poséidon guerroyant pour la possession de l'Attique.

ICTINOS ET CALLICRATÈS

Les architectes qui ont conçu le Parthénon se sont très probablement inspirés du grand Phidias. Suivant ses directives et avec un véritable génie de la perspective, ils ont réalisé un élégant monument d'une harmonie parfaite. Malgré sa masse imposante, l'édifice paraissait élancé grâce aux distances réduites entre les colonnes de la façade par rapport à celles qui étaient disposées sur le côté. De plus, les colonnes étaient légèrement inclinées en arrière et resserrées vers le haut.

Ictinos et Callicratès

Les temples grecs étaient construits sur un socle formé de trois grands gradins, avec des accès sur d'autres moins grands.

Ordre corinthien

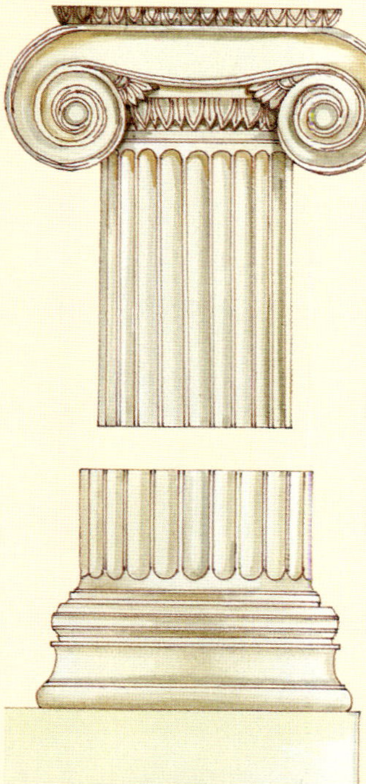

Ordre ionique

Ordre dorique

L'ÉCOLE D'ATHÈNES

La civilisation de la Grèce antique a toujours été une source d'inspiration pour la culture occidentale. C'est au VIe siècle av. J.-C. que la première école de philosophie a vu le jour dans la cité de Milet. Elle y a abrité les talentueux Anaximandre et Xénophane. Mais après la destruction de la cité par les Perses, Athènes est devenue le plus grand centre de la pensée grecque. Dans la cité de la « première démocratie », trois grands philosophes se sont succédés : Socrate, Platon et Aristote, considérés comme les plus grands penseurs de tous les temps. Socrate a été le maître à penser de Platon et sa philosophie nous a été transmise par les œuvres de son élève. Aristote a été, à son tour, élève de l'Académie fondée par Platon et fut l'auteur de nombreux traités mêlant savoir et réflexion.

Seules un petit nombre de femmes ont atteint une renommée intellectuelle. Parmi elles, il faut citer la poétesse ***Sapho*** *de l'île de Lesbos.*

Sur une fresque appelée École d'Athènes, Raphaël a peint de nombreux grands génies de la Grèce antique avec les visages d'importants personnages de la Renaissance.

*La médecine moderne doit à la culture grecque un remarquable élan, de telle sorte qu'on considère **Hippocrate** comme son fondateur. Ce grand maître de l'école de Cos a compris que les maladies avaient des causes naturelles et ne provenaient pas du caprice des dieux.*

SCIENCE ET TECHNIQUE

Les savants grecs ont mis au point des inventions prodigieuses, comme la machine à vapeur de ***Héron*** qui n'a malheureusement pas eu d'applications pratiques. La « cochlée », ou vis sans fin, a eu plus de chance. Conçue par ***Archimède***, on l'a utilisée pour enlever l'eau du fond des bateaux. C'est encore Archimède qui a énoncé le principe de la flottaison des corps et les formules pour calculer les mesures du cercle. ***Pythagore*** et ***Euclide*** ont étudié la géométrie et ont découvert les propriétés des triangles rectangles.

LES DIEUX DE L'OLYMPE

Selon les Grecs antiques, les plus grandes divinités siégeaient sur le mont Olympe, le plus élevé de toute l'Hellade.

Héra

Zeus

Les Grecs avaient une religion polythéiste (avec de nombreux dieux). Selon les croyances populaires, ces divinités intervenaient dans la vie des hommes. Pour obtenir leur bienveillance ou pour calmer leur colère, on accomplissait des sacrifices et des cérémonies étaient organisées en leur honneur.
*La divinité la plus importante était **Zeus**, père ou frère des autres dieux majeurs. Époux d'**Héra**, il présidait à la justice en haut du mont Olympe où il vivait. Beaucoup de divinités avaient un sanctuaire qui leur était spécialement dédié. Tous les Grecs honoraient ces lieux de culte et s'y rendaient pour invoquer les oracles.*

***Artémis**, fille de Zeus et sœur jumelle d'Apollon, était la déesse de la chasse.*

◁ **Arès**, *dieu de la Guerre et de la Destruction était haï des autres habitants de l'Olympe. Il allait au combat avec ses deux fils appelés Peur et Terreur.*

▽ ***Athéna*** *était la déesse de la Sagesse. Elle représentait les arts et les sciences. Elle était connue aussi pour avoir protégé des héros comme Jason ou Héraclès.*

◁ ***Poséidon****, vaincu par Zeus dans le combat pour la domination du ciel, s'était retiré dans un palais sous la mer. Avec son trident, il déchaînait les tempêtes ou calmait les eaux.*

◁ ***Aphrodite*** *était la plus belle de toutes les déesses. Elle protégeait ceux qui s'aimaient, mais aussi les jardins.*

▽ ***Apollon*** *conduisait le char du Soleil et était le dieu de la Poésie et de la Musique.*

▷ ***Hadès****, frère de Zeus, était le dieu des Enfers. Le monde souterrain, triste et lugubre, était gardé par un chien à trois têtes, Cerbère, et était habité par des ombres.*

LES JEUX OLYMPIQUES

Près du sanctuaire d'Olympie, dès l'an 1000 av. J.-C., se tenaient des courses de chars, que l'on considère comme les ancêtres des jeux Olympiques. En 776 av. J.-C., on a réorganisé les compétitions et décidé qu'elles se tiendraient tous les quatre ans. À cette occasion, les athlètes et les spectateurs pouvaient venir tranquillement de toute la Grèce : ils étaient protégés par la « trêve sacrée », établie par des traités de paix. Les premiers jeux Olympiques ne proposaient qu'une seule compétition : la course à pieds dans un stade ovale. La manifestation entière durait seulement une journée. Par la suite, on a introduit de nouvelles disciplines et la durée des jeux s'est prolongée cinq jours. Les vainqueurs des compétitions recevaient une couronne d'olivier.

Les participants étaient divisés en groupes selon leur âge. Jusqu'à 16 ans, on concourait chez les garçons ; entre 16 et 20 ans chez les jeunes ; après 20 ans chez les hommes.

Le stade d'Olympie pouvait recevoir jusqu'à 40 000 spectateurs. Les athlètes entraient sur l'aire des compétitions à travers un long couloir couvert.

◁ *Depuis 1896, on porte la flamme olympique dans le stade du pays organisateur des jeux Olympiques.*

▷ ***Le lancer du disque*** *était une des spécialités du pentathlon. On se servait de disques d'un poids variable. Cependant, pour une compétition, tous les athlètes avaient le même.*

◁ ***Au saut en longueur****, les athlètes s'aidaient de poids pour amplifier la force du bond. On ne sait pas exactement comment ils exécutaient cet exercice, mais il semble qu'ils prenaient un élan très court.*

▷ ***La course avec armure*** *exigeait les qualités athlétiques d'hommes habitués aux épreuves guerrières. Pour cet exercice, les athlètes revêtaient le casque et le lourd bouclier du hoplite.*

◁ ***Pour le lancer du javelot****, l'athlète faisait tourner l'engin sur lui-même qui se stabilisait en vol. Il pouvait atterrir jusqu'à près de 100 mètres plus loin.*

▷ ***Le pancrace*** *était une lutte sanglante au cours de laquelle les athlètes s'attaquaient à coups de poing et de pied pour jeter l'autre à terre.* ***Le pugilat*** *était encore plus dangereux car les adversaires se bandaient les mains avec des lanières de cuir et frappaient avec violence, sans aucune règle, jusqu'à ce que l'un des deux s'écroule.*

ALEXANDRE LE GRAND

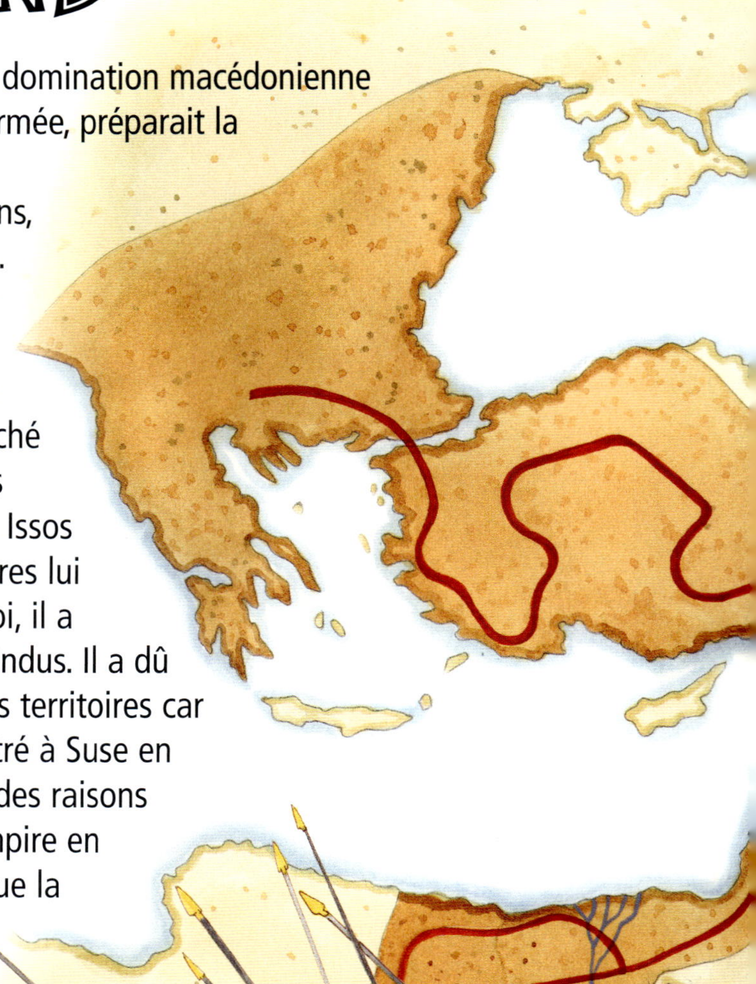

Avec la fin de la guerre du Péloponnèse, Philippe II a imposé la domination macédonienne sur toute la Grèce. Ce roi ambitieux, à la tête d'une puissante armée, préparait la guerre contre la Perse lorsqu'il fut assassiné en 336 av. J.-C.
À sa mort, son fils est monté sur le trône. Il était âgé de vingt ans, s'appelait Alexandre et était vite destiné à devenir « le Grand ».
Élève d'Aristote, Alexandre était poussé par le désir de gloire et avait soif de connaissances. De plus, il possédait un talent militaire extraordinaire. Poursuivant la stratégie de conquête de son père, il a traversé l'Hellespont et a marché résolument contre Darios III. Il a battu les Perses sur les bords du Granique, puis à Issos et enfin à Gaugamèles. Toutes ses victoires lui ont ouvert les portes de l'Asie. Après quoi, il a poussé ses armées jusqu'à la vallée de l'Indus. Il a dû finalement renoncer à conquérir d'autres territoires car ses soldats ont refusé de continuer. Rentré à Suse en 323 av. J.-C., il est mort subitement pour des raisons obscures. Ses généraux ont alors divisé l'empire en trois royaumes distincts. C'est à ce moment que la période dite hellénistique a commencé.
Elle durera près de trois cents ans !

Buste d'Alexandre le Grand

LA PHALANGE MACÉDONIENNE

L'infanterie macédonienne allait au combat en plusieurs groupes de 16 rangs serrés et compacts appelés phalanges. La ligne de front présentait une rangée de 100 hoplites qui marchaient épaule contre épaule, protégés par les boucliers et armés de longues lances dites sarisses. La formation au complet comprenait donc 16 de ces rangées qui restaient serrées pour former un mur impénétrable. Pendant la bataille, les hoplites des premiers rangs portaient la lance vers l'avant alors que ceux de l'arrière bougeaient leurs sarisses pour atténuer l'impact des flèches ennemies.

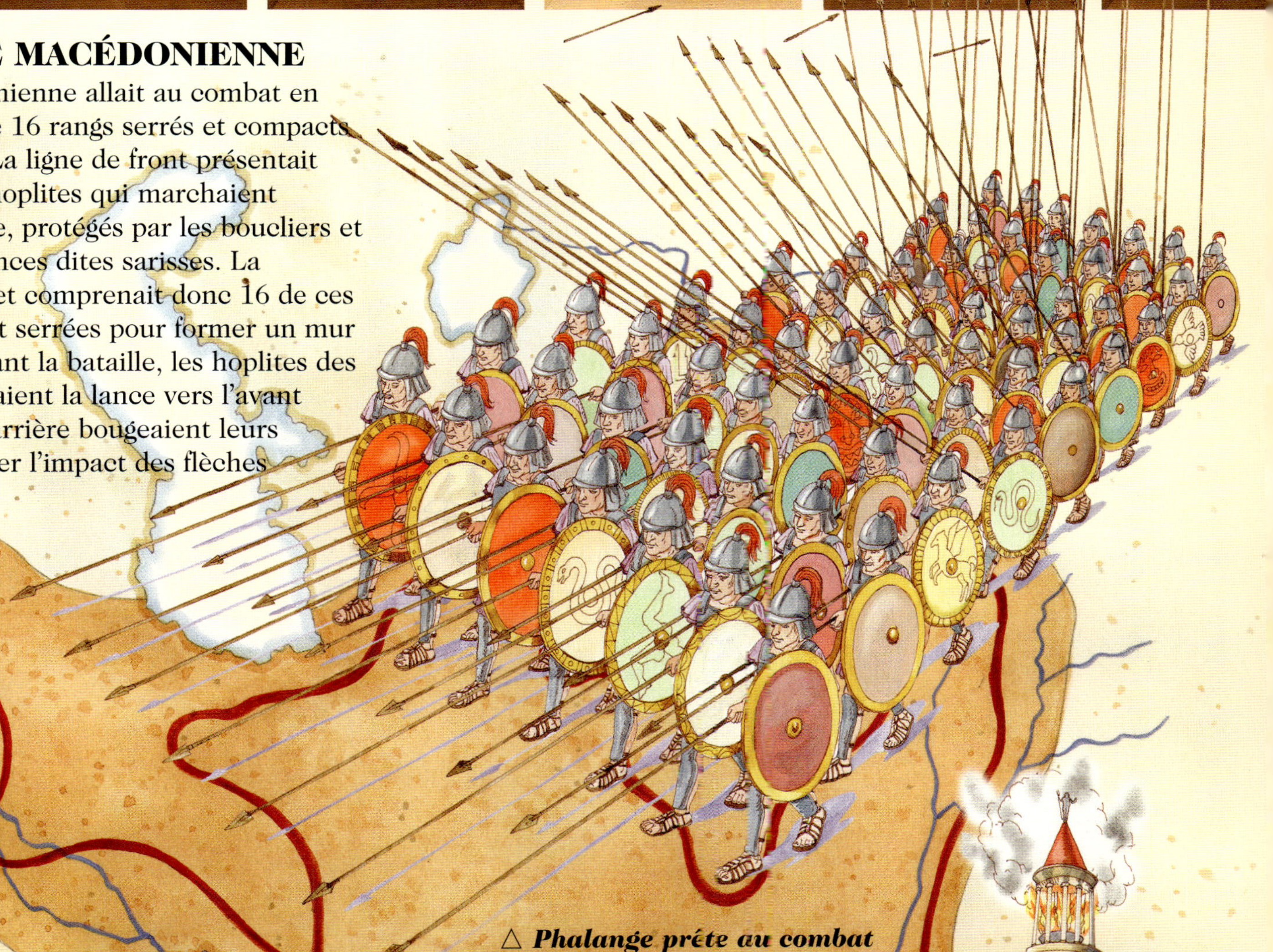

△ ***Phalange prête au combat***

▽ ***Darios III, battu à Issos, prend la fuite, poursuivi par Alexandre.***

▷ *Selon les dires des historiens antiques, on apercevait la lumière du **phare d'Alexandrie** jusqu'à 60 km de distance. Au sommet de la tour brûlait un grand feu dont la lueur était multipliée par un jeu de miroirs de bronze.*

ALEXANDRE EN ÉGYPTE

Pour répandre la culture grecque et imposer son contrôle sur un immense empire, Alexandre avait fondé de nombreuses cités. La plus importante est Alexandrie en Égypte, appelée à devenir l'une des plus grandes métropoles de son temps. À l'entrée du port, on a construit un phare gigantesque, une des sept merveilles du monde antique. La cité a été un centre florissant de recherches scientifiques et a accueilli une bibliothèque contenant des centaines de milliers de livres. Ératosthène, astronome et directeur de la bibliothèque, a été le premier savant à mesurer la circonférence de la terre.

TABLE DES MATIÈRES

Conception : Ant's Books™
Illustrations : Mara Ferrando et Maria Mantovani

Techniparc – 5, rue d'Alembert
91240 Saint-Michel-sur-Orge
Dépôt légal : 1er trimestre 2008
Loi n°49-956 du 16 juillet 1949
sur les publications destinées à la jeunesse.
Imprimé en Chine.